DU
TEMPS PASSÉ
ET DU
TEMPS-PRESENT.

DE L'IMPRIMERIE DE JALABERT, A VERSAILLES.

DU

TEMPS PASSÉ

ET DU

TEMPS PRÉSENT.

Par le Ch.ᵉʳ de BOISDEFFRE.

Se trouve : { A Versailles, chez tous les libraires ;
{ A Paris, chez tous les libraires du Palais-Royal.

1826.

DU
TEMPS PASSÉ
ET DU
TEMPS PRÉSENT.

PARALLÈLE
DU RÈGNE DE LOUIS XV
ET
DE CELUI DE LOUIS XVI.

De tous les Rois de la monarchie française, celui dont le règne fut le plus doux, le plus tranquille, le plus prospère, fut celui de Louis XV. Remontez de Rois en Rois jusqu'à Hugues Capet, jusqu'au premier de nos Monarques, vous ne trouverez aucun de ces règnes qui ait été aussi distingué par autant de bien-être et d'agrémens; point de troubles, point de guerre, aucun désastre.

Le règne de Louis XIV fut sans doute celui d'un grand Roi; il eut un grand éclat; toutes les gloires le distinguèrent; mais les Français furent plus heureux sous son successeur.

On vit, sous ce règne, le commerce enrichi par la richesse de notre industrie et par celle de nos colonies; ce qui contribua à rendre la vie de nos citadins plus aisée, plus douce, plus agréable. Alors les mœurs étaient moins dépravées qu'elles ne le sont actuellement dans les classes inférieures.

On ne voyait point de jalousie dans les différentes conditions qui composaient la population. La politesse était générale, et se conciliait avec les égards dus à la distinction des rangs: ceci est un peu différent aujourd'hui.

Le clergé, la noblesse, la bourgeoisie, avaient conservé les habitudes qui les différenciaient; et alors nous étions plus Français que nous ne le sommes maintenant.

Mais les Parlemens commencèrent à élever la voix; ils ne prétendaient pas moins qu'à s'emparer d'une partie de l'autorité royale. Lois, impôts, c'était, selon leur prétention, à eux d'en décider: le Roi, comme aujourd'hui, n'aurait eu que le droit de proposer.

Une ordonnance les supprima : rien ne mit obstacle à son exécution. Les désœuvrés seulement critiquèrent beaucoup, mais rien ne bougea.

Ils avaient la prétention de représenter les Etats-généraux *au petit pied.* Je n'ai jamais compris ce que signifiait cette prétention ; mais il est très-évident que les États-généraux n'ont jamais eu le droit de se faire remplacer. Ils ne se composaient que de délégués chargés d'une mission qui devait se concilier avec tout le respect que l'on devait à l'autorité royale, et jamais ces États n'y ont donné atteinte.

Il est à remarquer que, dans toutes les constitutions monarchiques européennes, la France exceptée, il n'y eut jamais d'États-généraux, ni de parlemens, et ces monarchies n'en ont pas moins été très-bien gouvernées, comme elles le sont encore. La Hongrie a conservé des priviléges qui ne ressemblent pas du tout à nos États-généraux.

Louis XV régna cinquante ans, à dater de sa majorité ; et les trente premières années de ce règne nous offrent l'exemple d'un prince chéri de son peuple, et il le méritait : cela devrait être apprécié par nos historiens. Si, pendant les vingt dernières années, il eut des maîtresses, l'état de tranquillité et de prospérité continua ; et la France était encore dans un état très-florissant à la mort de ce Roi.

Nous n'avons pas, dans l'histoire des Souverains, des Rois dont le règne glorieux ait perdu de cette gloire en cédant à une inclination que leur penchant produisait. On pourrait en citer bien des exemples, mais je me bornerai à celui de Catherine II, impératrice de Russie. Quel monarque a été plus admirable?

La chasteté est sans doute une vertu, mais assez rarement celle des Souverains.

Lorsque Louis XVI monta sur le trône, il trouva la royauté bien affermie ; mais il régna avec trop de bonté, et cette bonté fut la seule cause de la fin désastreuse de son règne.

Que l'on rapproche de cette époque celle où Bonaparte se mit la couronne sur la tête : les Jacobins et leurs partisans étaient encore très·nombreux ; ils furent aussitôt asservis et soumis: et ces grands mots de liberté, d'égalité, des droits de l'homme, de la souveraineté du peuple, furent rayés du vocabulaire révolutionnaire. Alors ces écrivains de gazettes et de pamphlets, aujour·d'hui si féconds en critiques, n'auraient pas osé écrire une seule phrase qui pût contrarier son autorité. A quoi a·t-il dû cette plénitude de puissance? à son caractère.

Louis XVI, bon, vertueux, réunissait toutes les qualités qui font les meilleurs Rois. Dans tout autre temps, et chez une autre nation, il eût été l'amour et fait l'admiration de son peuple. Les premières années de son règne furent heureuses, et sa conduite royale fut exemplaire, et ne cessa jamais de l'être.

Des systèmes de philantropie commencèrent à être introduits par des hommes qui prétendaient être considérés comme les vrais amis de l'humanité, où, à les entendre, on ne devait plus voir de pauvres, d'indigens; mais on n'a jamais connu les merveilleux moyens qu'ils devaient employer. Ce que l'on sait, c'est que ces philantropes jouissaient en égoïstes de toutes les aisances de la vie.

Quelques personnes respectables se montrèrent partisans de cette secte, et lui donnèrent du crédit. Ils ne voyaient pas qu'il fallait trouver la pierre philosophale pour réaliser ce système. MM. de Malzerbe et Turgot donnèrent du crédit à ces empiriques, et des idées révolutionnaires en furent la conséquence. Les mots de liberté de la presse, de l'égalité et de la liberté, commencèrent à circuler.

Survint la guerre de l'Amérique, qui se termina par une représentation nationale. Dès-lors il parut qu'il ne pouvait plus y avoir de bonheur que par une semblable représentation.

Mais cette guerre avait coûté cher; il fallut de nouveaux impôts. Les Parlemens, qui en payaient peu, ne voulurent pas en payer davantage. On tint des lits de justice. On forma une assemblée de notables, composée de ce qu'il y avait de plus distingué en naissance et en fonctions. La majorité de cette assemblée refusa. On voulait absolument des Etats-généraux. Le peuple seulement resta fort insouciant de ce qui se passait. Mais les classes privilégiées ne voyaient rien de plus salutaire que ces Etats. On sait quel en a été le résultat pour elles. Et pouvait-il en être autrement, dans un temps où les folles idées de Jean-Jacques Rousseau et de ces philosophes du temps avaient tant de puissance, non sur le peuple, qui les ignorait, mais sur toutes les classes mitoyennes principalement.

Enfin le plus bienfaisant, le plus vertueux des Rois, fut forcé de convoquer ces Etats-généraux. Le Tiers-Etat obtint une double représentation. Jusqu'alors il avait paru assez tranquille : mais les meneurs de la révolution et les avocats députés surent bientôt lui donner une prépondérance irrésistible.

Chaque députation arriva avec ses mandats impératifs, ce qui n'avait jamais été; et ceux des deux premiers ordres n'étaient pas plus modestes que ceux du Tiers, dont le résultat ne pouvait être qu'également désastreux pour l'autorité royale, pour cette autorité à qui la France devait l'état de prospérité dont elle jouissait.

Les mandats furent foulés aux pieds, et le despotisme révolutionnaire fut établi. On en connaît les tragiques et dévastateurs résultats.

Louis XVI cessa d'être Roi le jour de l'ouverture des Etats-généraux, et à dater de ce jour, il n'y eut que despotisme, violence et férocité.

DU GOUVERNEMENT REPRÉSENTATIF.

Ce gouvernement est tout ce qui nous reste de nos législateurs révolutionnaires, mais heureusement très-différent de ce qu'il était alors. On le considère comme étant la plus salutaire des institutions. J'en serai toujours très-persuadé, tant qu'il sera ce qu'il est depuis dix ans. Mais qui peut nous assurer de sa durée, lorsque la majorité d'une des Chambres peut suspendre et même paraliser l'autorité la plus essentielle, celle du Roi?

Et n'a-t-on pas déjà senti cette possibilité, en rendant septennale la composition de la Chambre des Députés, et adopté une loi nouvelle sur les élections? sans cela le Gouvernement aurait pu éprouver un échec.

La plus grande absurdité serait que le droit d'élire fût général, parce que les classes inférieures, naturellement jalouses de celles des premiers rangs, ne manqueraient pas de donner la préférence aux démagogues, toujours si zélés pour ceux qui n'ont rien, ou peu de propriétés;

portion immense de la population. Cette multitude, qui n'a rien ou peu à perdre, croit toujours gagner dans le changement d'un ordre établi ; et c'est pourquoi elle est si facile à abuser.

Il est donc nécessaire que le droit d'élire soit réparti entre les classes opulentes, toujours intéressées à conserver.

Mais nous devons plus particulièrement aux Américains cette effervescence qui nous rendit si amateurs d'une représentation nationale : et la liberté ne fut pas le motif de leur révolte ; ils étaient personnellement aussi libres qu'ils le sont aujourd'hui.

Ce fut un impôt sur le thé qui souleva ce peuple, excité par des hommes distingués par leurs lumières, mais ambitieux comme le sont ordinairement ceux qui provoquent une révolution. Il est néanmoins vraisemblable que, si le gouvernement français avait eu la sagesse de ne s'en point mêler, cet impôt eût pu être continué, et nous n'aurions pas eu d'Etats-généraux, et nous serions vraisemblablement encore sans gouvernement représentatif.

Cependant, depuis ce mémorable événement, le luxe de quelques villes américaines est fort augmenté, et cela doit avoir altéré l'agréable coup-d'œil d'une fraternelle égalité.

Néanmoins la condition des cultivateurs ne

paraît pas avoir changé; possesseurs de vastes propriétés, ils mènent une vie patriarchale, qui paraîtrait fort ennuyeuse à nos citadins.

Ce fut à l'époque de cette insurrection que quelques jeunes militaires français, distingués par des grades supérieurs qu'ils devaient aux bontés du Roi, cherchèrent à acquérir une sorte de renommée, en allant se signaler dans cette cause de l'indépendance. On n'a point parlé de leurs faits d'armes. Seulement ils revinrent tous animés du plus grand zèle pour une révolution qui devait anéantir l'autorité royale, dont ils n'avaient certainement jamais eu à se plaindre, à laquelle ils devaient tant de grâces et de faveurs: sans cela ils auraient pu ne pas faire une grande figure dans ce monde.

Cependant l'on n'est pas encore tout-à-fait d'accord sur ce que doit être une représentation nationale: les uns la voudraient d'une façon, d'autres n'en seraient pas contens; tenons-nous-en à celle qui est établie. Une chambre composée de députés dont un grand nombre est distingué par ses lumières, et tous par leur désir de concourir au bien-être général, peuvent très-bien juger de tout ce qui a rapport à l'emploi des finances, garantir la liberté personnelle, et apprécier les avantages ou les inconvéniens d'une loi proposée. Je ne crois pas que l'on puisse rien exiger de plus.

Cependant il résulte naturellement de la position d'un député, qu'il doit plus facilement obtenir un emploi distingué, et un grand nombre mérite cette préférence ; mais il n'y a pas assez de ces emplois pour contenter tous ceux qui y prétendent, et il en résulte qu'il y a des mécontens. Cela rend un peu embarrassante la conduite du ministère ; et vraisemblablement c'est ce qui fait que nous comptons déjà plus de soixante ministres depuis la restauration, et on en compterait encore davantage, si Charles X avait voulu céder aux instances du Journal des Débats, de la Quotidienne, de l'Aristarque, journaux zélés pour leurs amis. Le Constitutionnel, le Courrier, le Pilote, etc., ont aussi leurs amis, mais ils sont d'un autre bord. On sait que les écrivains de ces journaux voudraient quelque chose de plus rapproché de la démocratie que ne l'est la charte.

Mais il est impossible que les membres d'une Chambre législative ne soient pas susceptibles des mêmes sentimens personnels qui affectent le général des humains. Où est l'homme animé d'une vertu assez constante pour résister aux tentations de l'amour-propre, à celles de l'ambition ? où est l'homme insensible aux charmes du pouvoir, aux avantages de l'accroissement de sa fortune ? où est celui qui ne se laisse pas émouvoir par les affections du sang, par les sol-

licitations d'un ami, ou seulement par les liaisons de l'intérêt.

Les récompenses de la vertu sont obscures, et
ne frappent que les ames pénétrées de l'espoir
d'un bonheur immortel.

Mais cela n'empêche pas que, dans les délibé-
rations d'une Chambre, l'intérêt public n'ait sa
puissance.

On dira qu'il est possible de mettre obstacle
aux moyens que le Gouvernement peut employer quelquefois pour s'assurer de la majorité,
en défendant de recevoir des grâces du pouvoir
qui en dispose. Mais, par cette mesure, il pourrait en résulter un très-grand dommage, celui
d'ameuter plus fortement une faction prépondé-
rante contre le pouvoir du Roi, qui n'aura plus
alors aucun moyen de tempérer la fougue d'individus ambitieux; au lieu que tout s'apaise
lorsque le Monarque a de quoi satisfaire les
principaux agitateurs d'une faction dominante.

Ce qu'il y a de plus important est que l'autorité royale soit constituée de manière à pouvoir,
dans toutes les circonstances, agir d'une manière conforme au maintien de la tranquillité
publique.

Là où il y a une grande étendue de pays, une
immense population, une force armée très-con-
sidérable, là ou les villes dominent les campa-

gncs ; là enfin où se trouvent des portions de population très-inégalement réparties , il faut un pouvoir qui puisse se rendre promptement redoutable à la portion du peuple insurgé.

Il nous reste un grand problème à résoudre ; celui de trouver le point juste qui puisse assurer avec précision l'équilibre des trois pouvoirs qui constituent notre gouvernement représentatif; et, en attendant, il est bien essentiel que le pouvoir royal ait toujours les moyens de se maintenir.

DE LA ROYAUTÉ.

J'aime la royauté, l'expérience me l'a fait aimer. Ne devons-nous pas à la puissance royale tous les avantages dont nous jouissons ?

Nos premiers Rois trouvèrent la France couverte de forêts ; quelques habitations, plutôt forteresses que châteaux, étaient l'asile effrayant de quelques dominateurs impitoyables. Le reste de la plupart des humains logeait sous de misérables huttes : ces malheureux, mal vêtus, mal nourris, étaient servilement occupés des travaux les plus pénibles ; rien ne leur appartenait, pas même les enfans à leurs pères.

Insensiblement l'état de toutes les conditions s'améliora ; la servitude fut abolie, les villes furent affranchies ; l'industrie, le commerce furent encouragés. Et dans ce siècle mémorable de Louis XIV, on vit tous les génies présenter à l'Europe étonnée des chefs-d'œuvres. Tous les arts eurent leurs grands hommes, tous furent distingués et honorés par un prince qui, ne séparant pas ses intérêts de celui de son empire, sut les faire concourir à sa gloire, à sa prospérité. Il laissa partout des marques éclatantes de sa grandeur, de sa prévoyance. Les plus riches colonies mises en valeur ; une industrie nouvelle créée par Colbert ; le numéraire augmenté. Et quelle était la ville où l'on ne trouvait pas des témoignages de la bienfaisance royale.

Cependant que devint cette heureuse France sous le régime révolutionnaire, dans ce temps de la destruction de toutes les autorités ? il y eut moins de liberté qu'il y en a à Constantinople ; et vit-on jamais une égalité telle que celle qui qui existait entre les Jacobins et le reste de la nation?

Les prisons, les maisons d'arrêt furent encombrées de captifs riches ou pauvres ; ceux-ci par leur attachement à la religion chrétienne et à la royauté, ceux-là parce qu'ils avaient une fortune que convoitaient les amis du peuple. La porte de ces prisons ne s'ouvrait à ces captifs que pour aller à l'échafaud.

Enfin cette révolution enfanta le Directoire, gouvernement digne de son origine. On sait quels étaient les hommes qui composèrent cette nouvelle autorité. Il ne leur fut donné de puissance que pour satisfaire leurs frères et amis.

La jeunesse française continua à être envoyée aux boucheries d'une guerre de furies. Les ministres de la religion continuèrent à être outrageusement persécutés. L'Emigré, arrêté sur le sol de la patrie, était fusillé. La misère était extrême. Les agens seuls de ce gouvernément étaient dans l'abondance.

Quelques centaines de grenadiers suffirent pour anéantir cette puissance. Bonaparte, célèbre par ses victoires, se fit premier Consul, ensuite premier Consul à vie. et bientôt Empereur. Il se plaça sur le trône des Bourbons. Tout cela s'exécuta sans opposition, tant on était las de l'autorité directoriale. Il fallait aux Français un homme de caractère pour détourner cette puissance d'hommes qui semblaient sortis de l'enfer. Quelques-uns d'eux devinrent les organes de son despotisme; ce qui prouve que ces grands partisans de l'égalité et des droits de l'homme étaient bien plus partisans des richesses et des hautes places.

Bonaparte continua à se signaler par des victoires; mais il ternit tout l'éclat de sa célébrité,
en faisant périr un prince doué de toutes les
qualités héroïques qui distinguent les princes du
nom de Condé, jeune et dernier rejeton d'une
famille dont le nom orne avec gloire les pages
de notre histoire. Il le fit fusiller et enterrer
dans un des fossés du château de Vincennes.

Jamais général n'eut à sa disposition un plus
grand nombre de soldats. Jamais général ne fut
moins occupé du physique de leur existence.

Il vit terminer sa carrière de gloire par le plus
tragique des spectacles: trois cent mille hommes
périssant de faim, d'un froid glacial et de fatigues. Il fut le premier à les abandonner.

Depuis cette époque, repoussé du nord de
l'Allemagne jusque sous les murs de Paris, il finit par être conduit à Sainte-Hélène.

La Providence ne semble-t-elle pas avoir dirigé cette catastrophe d'un homme qui disposait
et ordonnait de tout en Europe ? et ne s'est-elle
pas montrée plus bienveillante encore en nous
rendant les Bourbons.

DE LA CRÉDULITÉ ET DE L'INCRÉDULITÉ.

Nos pieux ancêtres croyaient aux vampires, aux revenans, aux sorciers, aux possédés du diable, aux loups-garous; mais ils étaient de braves et bonnes gens qui craignaient d'offenser Dieu, et étaient de bons serviteurs du Roi.

Mais les charlatans de notre révolution nous ont fait croire bien d'autres choses. N'avons-nous pas cru à cette divinité qu'on appelait raison, représentée par une fille indécemment vêtue? N'avons-nous pas été persuadés de cette souveraineté du peuple qui semblait nous mettre à tous une couronne sur la tête? N'a-t-on pas aussi considéré l'insurrection comme le plus saint des devoirs, quoique ce mot de saint se trouvât là assez déplacé? Les droits de l'homme nous enchantèrent; cependant ils ne furent que le droit des plus forts, et ils en usèrent d'une manière fort active. Quant à la liberté, elle n'exista que pour les brigands, et l'égalité ne fut pas tout-àfait égale entre ceux qui pillaient et ceux qui étaient pillés.

Mais nous avons actuellement une autre espèce de crédules; ce sont les lecteurs de nos gazettes libérales, dont les écrivains sont si zélés pour la bonne cause. Tout ce qu'ils disent, tout ce qu'ils écrivent est évident; ils ne trompent personne, du moins telle est sans doute l'opinion de leurs abonnés, et ils sont assez nombreux : ils ont des recettes excellentes de constitution. Cette tranquillité dont on jouit les ennuie ; il faudrait, pour leur plaire, que le peuple, leur souverain légitime, se levât en masse et les portât en triomphe : ils auraient si bonne mine ! Mais heureusement ceux qui aiment la royauté sont un peu plus nombreux que leurs partisans. Aussi les royalistes peuvent dormir tranquilles ; nos braves soldats n'imiteront pas les Gardes-françaises.

Les écrivains des gazettes anti-ministérielles sont sans doute très-royalistes ; mais ils paraissent croire que le Roi ne se connaît pas aussi bien qu'eux en bons ministres. Que lui manque-t-il cependant pour en être le juge éclairé ? et qui est mieux placé que lui pour en bien juger ? Qui, plus que lui, peut désirer davantage le bonheur de son peuple, et en être plus occupé ? Ne revenons pas au temps où l'Assemblée constituante fournissait à Louis XVI ses ministres. Si nous avions un roi à choisir, pourrions-nous trouver mieux que Charles X ? Je ne doute point que les écrivains anti-ministériels ne pensent comme moi ; mais avec un peu plus de modestie, on serait vraisemblablement plus d'accord.

DE LA LIBERTÉ PERSONNELLE ET DE LA LIBERTÉ DE LA PRESSE.

Liberté ! lé premier, dit-on, de tous les biens, comment se fait-il qu'elle finisse ordinairement par le despotisme ? Grecs et Romains, cette liberté vous abandonna, lorsque vos mœurs ressemblaient aux nôtres ; lorsque, comme nous, vous aimiez les plaisirs, le luxe, la bonne chère : cela me donne des inquiétudes pour la nôtre, si nouvelle encore.

Il est vrai que ces Grecs et ces Romains n'avaient pas, comme nous, une liberté de la presse ; qui cependant ne nous a pas garantis du despotisme des Constituans, qui ordonnaient de tout sous un Roi captif, ni de celui des Conventionnels, si libres, et nous si esclaves.

Quelle différence il y a aujourd'hui avec ces temps où l'on s'enrichissait de la valeur des biens du Clergé et des Émigrés, où l'on courait quelque risque lorsqu'on n'était pas Jacobin ! On nous appelait Citoyens, titre qui ne pouvait être fort honorable, puisqu'il était celui de tout le monde. Il n'en fut pas de même chez les Grecs et chez les Romains : il était celui de la distinction la plus honorée, et dont aucune de nos distinctions n'approche.

Ces Citoyens grecs et romains étaient sans doute peu nombreux, puisqu'ils se réunissaient dans un espace assez peu étendu pour pouvoir entendre la voix de leurs orateurs, dont les discours nous étonnent, et que nous admirons. Qu'était donc le reste de la population? elle était composée de sujets, et d'un bien plus grand nombre d'esclaves. Ces Citoyens n'étaient pas, comme ceux de notre époque révolutionnaire, des Sans-culottes; il y a apparence qu'ils étaient, au contraire, distingués par un costume très-imposant.

Egalité, mot délicieux, vous n'auriez pas eu alors la vogue. Liberté de publier ses pensées: on ne l'avait certainement pas non plus; car alors il n'aurait pas fallu parler des droits de l'homme, ni de la souveraineté du peuple; cela n'aurait pas réussi.

Nos publicistes populaires, écrivains ou orateurs, ont eu et ont encore de nombreux partisans; mais, ni dans leurs écrits, ni dans leurs discours, il n'y a rien qui puisse leur donner la puissance de ces célèbres orateurs grecs et romains, où l'auditoire avait l'oreille plus délicate que nous ne l'avons.

Mais que l'on se persuade que le règne des Sans-culottes est passé et ne se renouvellera pas. Nous n'avons plus à craindre cette populace du faubourg Saint-Antoine et des Marseillais, qui ne fut si terrible, que parce que le Roi n'eut jamais à leur opposer quatre mille hommes de troupes fidèles. Ce ramas de brigands et d'assassins fit toute la puissance d'ambitieux qui ne surent tout asservir qu'en suivant la route la plus ensanglantée.

Je suis persuadé qu'il n'y a pas aujourd'hui un Français qui n'ait en horreur ce temps où l'on assassinait le meilleur des Rois ; où l'on assassinait nos compatriotes vendéens et les Emigrés de Quiberon ; où l'on égorgeait dans une église les ministres de notre religion ; où l'on massacrait dans les prisons et dans les rues les royalistes, le 2 et le 9 septembre ; enfin, dans ces temps où l'on envoyait au bourreau les riches comme les pauvres.

La liberté dont on jouit maintenant est tout ce qu'elle peut être, puisqu'elle laisse à chacun l'utile ou l'agréable emploi de son temps. Dans cet ensemble de conditions, il est à propos de faire remarquer la classe des oisifs, qui n'a rien de mieux à faire que de se promener et de se procurer des passe-temps agréables.

Cette classe ne forme peut-être pas le vingt-cinquième de notre population ; mais comme elle est la plus causeuse, elle est aussi celle qui parle davantage du ministère. Quel que puisse avoir été ou être le mérite de ceux qui en ont exercé ou en exercent les fonctions, il en faut toujours de nouveaux. Aussi, depuis dix ans, nous comptons plus de ministres qu'il n'y en a eu sous les règnes réunis de Henri IV, de Louis XIII, de Louis XIV, de Louis XV et de Louis XVI.

Selon l'opinion de ces robustes censeurs, nous sommes sur le bord de l'abîme; mais il faut convenir que cela n'a pas l'air de les effrayer, et cela nous rassure.

Mais ne devrait-il pas en être de la liberté de la presse comme de la liberté personnelle, qui ne permet rien qui puisse être préjudiciable aux individus composant l'ensemble de la population.

Chaque gazette a actuellement sa politique, où rien n'est oublié de ce qui plait à leurs abonnés. Mais ne serait-il pas temps de voir finir ces haines, ces jalousies qui divisent la nation française en autant de partis qu'il y a d'opinions ou d'intérêts différens? N'y a-t-il pas assez long-temps que l'on se dispute, sans en provoquer encore la durée?

DE PARIS.

Paris renferme une population immense composée de toutes les classes de la société. Elle offre

aux regards le mélange de la plus grande misère
et de la plus riche opulence ; on y voit ce que le
vice a de plus honteux, et la vertu de plus exemplaire. Des localités, dans presque toutes les
rues, servent d'asile à des malheureuses livrées
à toutes les débauches ; et dans les églises, tem-
ples de la Divinité, on voit se réunir un grand
nombre de fidèles, charitables aux pauvres, et
empressés d'apporter des consolations là où il y
a de l'infortune.

Cette capitale offre aussi la réunion de tous les
arts, de tous les plaisirs, de tout ce qui peut
rendre la vie commode et agréable.

Parisiens, vous habitez la ville la plus agréable de l'Europe ; les étrangers y abondent, et
augmentent votre prospérité ; votre commerce et
votre industrie l'augmentent encore. Votre ville
est devenue l'enfant gâté du gouvernement : les
provinces ne semblent être que vos tributaires ;
cependant, vous vous plaignez beaucoup, et
bien plus que vous ne faisiez quand on vous gâ-
tait moins.

Cependant, ce que vous pouvez faire de
mieux, habitans riches de Paris, est de redeve-
nir Parisiens, comme on l'était sous le règne
de Louis XV. Vos prédécesseurs faisaient comme
vous de bons dîners, mais plus amicalement et
plus gaîment. Vous n'avez plus cette physiono-

mie qui annonçait des esprits contens. Votre cau-
serie politique a tout rembruni ; et c'est toujours
le tour du gouvernement actuel d'être critiqué.
Regretteriez-vous quelque chose de ce despotisme révolutionnaire qui vous avait rendus si
silencieux et si obéissans. C'est apparamment
pour vous dédommager de ces trente années de
silence et de servitude, que vous êtes aujour-
d'hui si critiques du gouvernement le plus doux
et le plus amical que vous ayez jamais eu.

Comme vous étiez tremblans et comme vous
paraissiez patriotes, sous ce gouvernement com-
posé d'hommes qui ne vous ont pas épargnés.
Ils étaient peu nombreux, et n'avaient de force
que par quelques centaines de brigands qui,
dans les grandes crises, se renforçaient de quelques milliers de leurs semblables. Vous étiez
vingt contre un, et vous avez tout souffert, quoique vous ne manquassiez pas de courage. Mais,
dans une révolution, tout est toujours faible,
quand aucune autorité n'est établie pour réunir
la force des honnêtes gens.

Le prince qui nous gouverne aujourd'hui
n'aime son autorité que pour faire, autant qu'il
lui sera possible, le bien de son peuple. Il a pro-
posé une réduction d'un dixième sur les rentes
que les contribuables acquittent. Quel bruit !
quelle clameur ! quel vacarme ! Vous ne doutez

pas cependant que le numéraire ne soit assez augmenté pour qu'elle pût être accordée.

Rappelez-vous que l'intérêt de l'argent était, il y a vingt ou vingt-deux ans, à un pour cent par mois chez les banquiers ; et que les rentes sur l'État se vendaient à une valeur qui produisait plus de dix pour cent. Cette différence de l'intérêt actuel ne prouve-t-elle pas que l'argent est devenu beaucoup plus abondant. Combien de placemens se font aujourd'hui à quatre ; et s'il s'en fait encore à cinq, et même à six, dans les provinces, cela n'a lieu que pour des placemens peu considérables, et dont la faculté de rembourser est fixée à une époque peu éloignée.

Mais vous n'avez pas oublié combien vous fûtes soumis, quand les Constituans substituèrent à votre numéraire métallique un papier qui réduisit vos revenus, quelques années après, à neuf dixièmes de perte.

Souvenez-vous encore que vos murmures ne firent pas grand bruit, quand le Directoire jugea de diminuer de deux-tiers vos rentes.

Louis XIV laissa pour trois milliards de dettes, que le régent acquitta avec un papier qui ne tarda pas à ne rien valoir.

L'abbé Terrai vous fit aussi supporter une assez forte réduction : vous le traitâtes de coquin, mais cela ne parut pas l'offenser.

Je puis faire remarquer encore que le revenu des terres qui s'achètent actuellement est si modique, que l'on fait un bon marché quand on en retire trois pour cent, et cet intérêt n'est pas toujours aussi exactement payé que les rentes sur l'Etat. La valeur des maisons à Paris n'est-elle pas presque doublée depuis vingt-cinq ans?

Parisiens, vous n'avez jamais été si riches, vous n'avez jamais joui d'autant de plaisirs: vous ajoutez à cela de la liberté, de la tranquillité; que voulez-vous de plus?

DE L'ESPRIT DU TEMPS.

L'esprit français est bien changé: il avait de la gaîté, du naturel, quelque chose de plus français qu'aujourd'hui; mais cela n'est plus de mode, surtout depuis que nous avons une liberté de la presse, si profitable à nos propriétaires de gazettes. Celles du parti de l'opposition, les pamphlets anti-ministériels, ont la vogue. Quel dommage que les écrivains de ces compositions quotidiennes ne soient pas nos uniques législateurs! comme tout irait vite, et comme tout irait bien! Bientôt nous aurions ces lois si désirées et si nécessaires qui doivent régler notre administration. Cela pourrait, à la vérité, nous donner un air de république, mais cela ne déplairait pas à tout le monde. L'essentiel est que tout soit en harmonie avec la Charte. Ce mot d'harmonie plaît à l'oreille, comme nous ont plu ces mots d'égalité, de droits de l'homme, qui cependant ne nous ont pas mis trop d'accord. Cependant, n'est-il pas vrai que plus de vingt-six millions de Français ne songent pas à cette harmonie, qui vraisemblablement né contenterait pas tout le monde.

Nous avons tant vu de ces grands amis de la patrie nous gouverner d'une manière si peu amicale, que je n'ai pas une grande confiance dans ceux d'aujourd'hui. Le mieux ne m'a jamais paru si ennemi du bien, que depuis que, sous le prétexte de ce mieux, on nous a fait tant de mal!

Mais vous, écrivains aspirant à la gloire de nous rendre tous si heureux, croyez-vous que, lorsque l'on aura fait tout ce que vos partisans attendent de vos grandes lumières, nous serons tous réellement contens? Vous pourriez bien vous tromper : je doute même que vous y parveniez personnellement, en obtenant le changement du ministère qui vous offusque.

N'est-il pas d'expérience que, depuis dix ans, rien n'est plus glissant que le fauteuil d'un ministre? et vous savez combien il y en a qui ont glissé et sont tombés. Quelques-uns de vous voudraient bien s'asseoir dans un de ces fauteuils, mais ils pourraient bien aussi ne pas tarder à glisser.

Je le répéterai encore, sous Bonaparte on ne parlait pas si haut, et l'on faisait bien. Mais ce qui devrait nous rendre moins impatiens d'obtenir cette harmonie, est qu'en attendant la France paraît jouir de tous les avantages qui peuvent le mieux assurer sa prospérité : liberté personnelle, tranquillité générale; ajoutez à cela l'activité du commerce, de l'industrie, augmentant le bien-être de tous. Cette étonnante prospérité et tous ces biens ne datent que de la restauration: Louis XVIII et Charles X, voilà votre ouvrage.

DE LA RELIGION CHRÉTIENNE.

La Religion chrétienne nous commande l'amour de Dieu et l'amour du prochain; de Dieu qui a donné à l'homme une si grande supériorité de raison, d'intelligence et de puissance; qui lui a soumis tous les animaux propres à son service; qui a rendu la terre si abondante en produits nécessaires à son existence. La fertilité de nos jardins, de nos champs, de nos bois, nous offre un grand témoignage de cette bonté divine; et pour tant de bienfaits, il n'exige de nous que de l'aimer par-dessus toutes choses, et notre prochain comme nous-même, afin qu'il n'y ait point de malheureux qui souffrent de la faim, ni de misère. Quelle doit être notre religieuse reconnaissance pour tant de bienfaits !

Le temps où la religion chrétienne a été méconnue est encore bien près de nous. Qu'en est-il résulté? une fureur homicide, une fureur qui portait à tout détruire. Alors une multitude de familles abandonna la France, pour échapper à la rage des tyrans qui la dominaient; et bientôt elle se trouva sous la domination d'assassins, de régicides, destructeurs de toutes les lois conservatrices. Les femmes, les enfans, rien ne fut épargné.

Actuellement nous avons un Roi exemplaire, et si nous ne sommes pas heureux, ce ne sera pas sa faute. Mais craignons Dieu, aimons notre prochain, et tout ira bien.

DE L'IMPOT.

On ne peut nier que l'impôt n'augmente la circulation du numéraire; on ne peut nier non plus qu'il rend plus abondans les produits de l'industrie, et donne plus d'étendue aux entreprises du commerce. J'ajouterai que les dix-huit vingtièmes de la population n'ont d'autres moyens d'exister que par le mouvement de cette circulation; elle contribue aussi à l'augmentation des familles. Il est de même évident que les salaires ou traitemens que reçoit cette grande partie de la population, vont tous aboutir aux propriétés territoriales.

Cependant ces possesseurs de terre semblent ne pas prendre en considération l'équivalent qui leur revient de l'impôt qu'ils payent. Cependant, s'ils voulaient ne pas s'arrêter au présent, et se reporter au temps passé, ils verraient que les propriétés territoriales ont triplé de leur valeur depuis cent ans, et cela à peu près dans la même proportion que l'accroissement des charges puques.

Cependant il importe que l'impôt soit réglé de manière qu'il ne dépasse pas la valeur des charges que l'Etat doit acquitter.

DES GRADES MILITAIRES.

L'ancienneté a eu long-temps des droits qui depuis n'ont pas été aussi assurés. On pouvait devenir major, lieutenant-colonel du régiment où l'on avait vieilli, sans autre recommandation que celle de ses années de service. Alors un corps d'officiers, réunis sous le même drapeau, sans en avoir changé, composait une espèce de famille. Les jeunes respectaient les anciens qui, attentifs à leur conduite, leur donnaient l'exemple de tout ce qui doit distinguer et faire considérer un officier français.

Mais l'ancienneté, si respectable et si respectée, commença à perdre ses prérogatives sous le ministère du duc de Choiseuil. Ce qu'on appelait les faiseurs obtint toutes les préférences pour les places de major et de lieutenant-colonel. L'esprit de corps changea. Le soldat fut tracassé, vexé. Qu'en est-il résulté? l'insubordination révolutionnaire.

Avant ce temps, les capitaines avaient un soin paternel des hommes de leur compagnie. Ils étaient aimés du soldat, et avaient un grand crédit sur leur esprit. Je suis persuadé qu'alors rien n'aurait pu les déterminer à devenir infidèles et traîtres à leur Roi.

Actuellement c'est autre chose; si vous êtes protégé, vous pouvez, tous les quatre ans, avancer d'un grade; si vous ne l'êtes pas, vous pourrez attendre long-temps. Et à chacune de ces promotions, on changera de régiment. Il en résulte moins d'harmonie dans l'esprit d'un corps, moins de cet attachement de camarade entre les officiers qui le composent; et n'est-il pas d'expérience que tout ce qui s'obtient par faveur produit des mécontens..

L'on dira : Mais comment pouvoir récompenser les talens, si l'on rétablit les droits de l'ancienneté? Avant de répondre, je demanderai que l'on explique ce que l'on entend par des talens. Savoir maintenir une bonne discipline, savoir bien juger de l'instruction à donner aux hommes, est une capacité très-facile à acquérir. Et à l'égard des manœuvres, elles s'exécuteront toujours bien, quand on saura rendre les officiers et les soldats attentifs. Mais lorsqu'on paraît récompenser le mérite, c'est le plus souvent la protection qui décide de cette préférence.

Convenons que, malgré le mérite des innovations ou nouveautés passées et présentes, nos soldats ne vaudront pas mieux et ne seront pas plus braves que ceux qui combattirent à Fontenoi, et sous les généraux de Louis XIV.

Aujourd'hui la carrière militaire n'est ouverte, pour les emplois d'officiers, qu'aux élèves de l'école militaire, et à une cinquantaine de pages. Mais le quart de ces emplois d'officiers doit appartenir aux sous-officiers. Je crois qu'il y a beaucoup d'inconvénient à avoir établi ce droit, qui n'a lieu dans aucune des puissances militaires de l'Europe. Récompensez l'ancienneté par le grade d'officier, ou par l'ordre de la légion-

d'honneur ; et laissez au colonel le soin de solli-
citer cette grâce, lorsqu'il jugera qu'un sujet la
mérite, cela vaudra certainement mieux.

Dans tous les pays, le corps des officiers se
compose d'une classe que la naissance, l'éducation et la fortune distinguent ; dont la bravoure,
les sentimens d'honneur et de fidélité servent
d'exemple. La noblesse française n'a jamais cessé
d'avoir ces sentimens. Mais cette composition
mêlée d'officiers d'emblée et de soldats devenus
sous-officiers, ne peut former un ensemble aussi
bien assorti qu'il doit l'être.

La révolution française nous a familiarisés
avec une rapidité d'avancement qui ne peut plus
avoir lieu, parce que la cause n'en sera pas re-
nouvelée. Revenons donc à nos anciens usages.

Ces victoires, ces nombreuses capitales occu-
pées par les armées françaises, doivent nous valoir sans doute beaucoup de gloire ; mais il est
possible que l'histoire en diminue quelque
chose. Elle dira que la politique des puissances
qui nous étaient opposées, nous a été très-favo-
rable : divisées, jalouses, elles ne surent pas d'a-
bord se réunir d'une manière formidable, et
parurent nous laisser vaincre sans inquiétude.
Elles pensaient que l'état révolutionnaire de la
France affaiblirait ses moyens de résistance.
Elles ne prévoyaient pas la possibilité de ce vio-

lent despotisme qui força toute la jeune population française à se rendre aux frontières. Quatorze armées furent composées, et sept cent mille
hommes au moins furent armés et bientôt dis-
ciplinés. La Hollande et le Brabant furent mal
défendus et bientôt conquis. Les conquêtes aug-
mentèrent la valeur de nos soldats, et valurent
des contributions. Le roi d'Espagne fit sa paix,
le roi de Prusse fit la sienne, mais ces deux puissances n'avaient agi que très-faiblement. Enfin,
toutes ces masses de Français armés tombèrent
sur l'Autriche, dont les armées furent souvent
vaincues, parce que les généraux en chef ne furent pas toujours bien choisis. Une autre raison
de ces fréquentes défaites put provenir d'une
nombreuse composition d'officiers allemands,
étrangers à cette puissance, et qui n'eurent jamais ce bon esprit militaire des officiers hon-
grois.

Bonaparte sut vaincre, et jamais général ne
sut mieux se faire obéir. Il adopta le genre de
guerre qui convenait le mieux aux circonstances.

Le soldat vivait aux dépens du pays conquis,
et se faisait bien servir; les officiers de même,
les généraux encore mieux. Les contributions
assuraient de très-grandes fortunes. Cette façon
de faire la guerre, très-nouvelle, ou du moins
inusitée depuis long-temps, favorisait les suc-

cès rapides du conquérant, et la conscription ne le laissait pas manquer de combattans. Rien n'était plus leste que son armée, débarrassée de l'embarras de l'approvisionnement des subsistances. Le soldat, à la vérité, jeûnait quelquefois, mais un bon repas le lui faisait oublier, et il était toujours prêt à marcher gaîment en avant.

Cette manière de vivre était fort onéreuse aux habitans ; mais, pour les dédommager, on leur donnait des constitutions qui ne leur parurent jamais un équivalent des dépenses qu'ils avaient faites.

Ce qui fut encore fort avantageux à Bonaparte, est qu'on lui laissa toujours prendre l'offensive.

Enfin, de victoires en victoires, de conquêtes en conquêtes, nos braves, toujours victorieux, arrivèrent à Moskow. Mais, soit la volonté du ciel, soit la témérité d'une entreprise mal calculée ; il fallut revenir sur ses pas, et faire une marche rétrograde de sept à huit cents lieues : retraite plus étonnante que celle de Xénophon. Cependant, de toutes ces victoires et conquêtes, qu'est-ce qui nous est resté? rien. Mais cela nous a rendu les Bourbons, et nous n'avons pas perdu au change.

DES TITRES ET DE LA NOBLESSE.

Les titres de marquis, comte, vicomte, baron, ne paraissent plus aussi considérés qu'ils l'étaient; malgré cela, ils n'en sont pas moins recherchés, à en juger par le grand nombre de ceux qui en prennent, sans que l'on sache d'où ce droit leur vient. Que cela leur donne un rang supérieur, c'est ce que je ne puis assurer; mais ils en sont flattés, et il ne faut pas s'en fâcher: cela ne fait reculer personne d'un pas; je ne crois pas même qu'on les salue plus bas.

Mais autrefois ces titres exigeaient une propriété seigneuriale et l'autorisation du Roi: actuellement, on trouve moyen de se passer de l'un et de l'autre. Il ne faut pas s'en formaliser, cela ne fait de mal à personne; et si quelqu'un s'en plaiguait, je lui dirais: Ne vous fâchez pas, on peut être fort galant homme, et fort estimable, sans aucun de ces titres.

Cependant il est des noms illustres que l'on ne cessera pas d'honorer. Ces noms seraient sans titres, que l'on n'en considérerait pas moins avec respect ceux qui les portent.

Quant à moi, mon opinion est que la qualité de gentilhomme est assez honorable pour devoir s'en contenter.

Mais j'ajouterai que la noblesse française aurait dû être considérée comme étant une illustre propriété nationale, qui avait l'avantage d'être pour tous un objet d'émulation par ses distinctions, et d'utilité par ses services. Elle était placée au premier rang, et son devoir était de donner l'exemple des plus généreuses vertus. Quel inconvénient pouvait-on trouver dans cette noble institution? d'avoir des hommes qui ne demandaient qu'à affronter les périls de la guerre.

L'Etat était-il en péril? rien ne l'arrêtait; elle abandonnait ses foyers et tout ce qui lui était le plus cher, femme, enfans. Et si la France avait maintenu sa puissance, elle le devait principalement aux sentimens qui avaient toujours distingué cette noblesse.

Eloignée de toute profession lucrative, elle n'aimait qu'à pouvoir s'illustrer par la gloire des armes. L'honneur était sa véritable richesse. Le moindre grade suffisait au gentilhomme qui en était revêtu; et sa plus précieuse récompense était d'avoir servi sa patrie avec honneur et bravoure.

Ce même esprit s'était soutenu jusqu'à notre révolution. Les emplois subalternes suffisaient à son ambition. Les hauts grades étaient pour la noblesse de la cour, qui, depuis plus d'un siècle, s'était un peu trop séparée de celle des provinces. Combien de familles d'anciennes races étaient dans un état voisin de la pauvreté, et qui n'en ont pas moins été exemplairement fidèles au Roi; tandis que des gentilshommes de la cour, qui devaient leurs distinctions honorables aux bontés de nos Monarques, se sont associés aux Jacobins. Mais aussi un grand nombre de nos gentilshommes les plus illustres ont donné le meilleur exemple à la noblesse française.

. Les États-généraux s'assemblèrent. Bientôt ce mot d'égalité fit supprimer cette noblesse distinguée par ses services (*), et les Sans-culottes, qui faisaient la force des Jacobins, furent placés en première ligne.

DES INCONVÉNIENS DE LA PRÉPONDÉRENCE DU COMMERCE.

Le but du commerce n'est pas tant de fournir à l'homme ce qui manque à ses besoins, que

(*) Un avocat de Grenoble, nommé M. Monnier, député, a cité comme sublime cette réponse faite à un gentilhomme qui se glorifiait du sang de la noblesse répandu pour la patrie: « Celui des soldats était-il donc de l'eau? » Cette réponse n'a rien de sublime. Presque tous les gentilshommes servaient, et la nation française fournissait à peine un soldat sur vingt-cinq individus mâles. Combien de familles nobles avaient fini d'exister sur des champs de bataille.

d'enrichir celui qui en exerce la profession ; car partout l'homme trouve ce qui est nécessaire à son existence; partout la Providence a placé à portée de lui ce qui convient à sa nourriture et à son vêtement : mais ses goûts, ses désirs, augmentent en raison des produits que le commerce fournit ; et c'est sur cette immensité d'objets que sont dirigés ses calculs.

Le commerce sert à accroître et à diversifier l'emploi des richesses et des fortunes particulières. Cependant, malgré cette abondance des produits étrangers et de l'industrie, le bonheur de l'homme a été moins augmenté que son insatiabilité.

Les différences, dans l'existence particulière des individus, en sont devenues plus sensibles. Insensiblement, toutes les classes inférieures ont été agitées par le désir d'atteindre à ces objets, et cette disposition a contribué à les corrompre.

. Autrefois, et ce temps n'est pas très-éloigné, l'habillement des femmes ne confondait point les rangs ; une mise simple et modeste distinguait celles d'un rang inférieur. Le commerce a détruit cette simplicité précieuse, compagne des bonnes mœurs.

Un autre inconvénient d'un commerce devenu beaucoup plus étendu, est d'attirer dans les villes, et dans les localités manufacturières,

un grand nombre de jeunes ouvriers non ma-
riés, ce qui augmente le libertinage, qui s'ac-
croît toujours en raison du plus grand nombre
des célibataires.

Néanmoins, partout où il prospère, on admire les magnificences et les richesses qu'il ras-
semble. La somptuosité et l'élégance dans les
ornemens, la perfection dans les ouvrages de
superfluité, séduisent tous les regards, et semblent produire, pour ceux qui en jouissent, un
enchantement dans la vie.

Que l'on se rappelle alors l'état de ces nombreuses familles d'artisans indigens, entassés
dans les quartiers les moins salubres d'une ville
opulente. Là, un père s'épuise pour fournir une
subsistance insuffisante à ses enfans et à leur
mère : une seule chambre leur sert d'asile; ils y
respirent un air corrompu, mais moins funeste
à l'indigente jeunesse que ne l'est le séjour des
richesses; elle s'y corrompt, et les avantages de
la beauté n'y sont qu'un malheur de plus; ses
charmes, communément, y deviennent la vic-
time d'un séducteur qui bientôt ne lui laisse
d'autre ressource que le refuge de ces lieux de
malheur, où elle va finir, dans l'opprobre, une
vie que le poison qui lui a été inoculé achève
dans les douleurs.

L'on pense cependant que le commerce sert à

civiliser les hommes; il est bien prouvé qu'il tend au contraire à les rendre plus avides et plus insensibles. Il détruit en eux, par l'effet de la cupidité qu'il inspire, ce sentiment de compassion qui console le malheureux et le soulage dans sa misère. Et où voit-on plus de vertus hospitalières que là où la vie des peuples est la plus simple? C'est dans l'asile de la médiocrité que le pauvre trouve, le plus ordinairement, des soulagemens; et celui qui a peu en a encore assez pour assister celui qui n'a rien.

Non, le commerce ne civilise point les hommes. Comment se ferait-il que ce qui augmente leur avidité les rendît plus bienfaisans? Il altère cette politesse réciproque qui rend moins sensible la différence qu'il y a dans les rangs. Et on est devenu moins civil, depuis que les enrichis et les parvenus semblent vouloir régler la politesse, et être les hommes du premier rang.

Cependant, après avoir considéré les effets d'un commerce trop prépondérant, relativement à la vie civile, il faut en considérer les inconvéniens relativement à la puissance d'un Etat.

L'expérience nous apprend que, s'il donne un grand éclat aux empires, il en précipite aussi la chute ; du moins l'on n'a pas encore vu de puissance, j'en excepte l'Angleterre, dont je parlerai, résister long-temps aux effets dangereux de sa prospérité. Plusieurs exemples récens en offrent de nouvelles preuves.

Pendant treize siècles, la France s'était soutenue avec sagesse et quelque gloire, et il n'a fallu que quelques années de la prospérité de son commerce pour la faire déchoir. Sa déchéance en était venue au point, sous le règne de Louis XVI, qu'elle n'était comptée pour rien dans la politique des principales puissances de l'Europe. Le partage de la Pologne en est la preuve. Ce ne fut point la faute de Louis XVI, mais la conséquence de l'esprit du temps. On craignait la guerre, parce qu'elle ne pouvait que troubler cette douce tranquillité et les agrémens du luxe dont on jouissait. Le roi de Prusse fit marcher vingt-cinq mille hommes pour soutenir le Stathouder, à l'intérêt duquel nous étions opposés, nous restâmes pacifiques.

N'avons-nous pas vu la Hollande succomber en un instant, après avoir conquis son indépendance, avec un courage immortel, sur le prince le plus puissant de l'Europe?

Et pensera-t-on que les Suisses, dans le temps où ils n'avaient point de manufactures, et ne s'occupaient point des riches profits du commerce, eussent laissé envahir leur territoire, comme il l'a été, et presque sans résistance, par une armée française qui dut être étonnée de la facilité de cette conquête. Il est vrai que des moyens de corruption la facilitèrent, moyens qui n'eussent certainement pas été employés dans un autre temps.

L'Espagne est, de toutes les puissances de l'Europe, la moins commerçante; et c'est là où les Français ont trouvé l'ennemi qui leur a opposé le plus de résistance. Ces Français étaient partout et n'étaient les maîtres nulle part; j'en excepte Madrid, ville de luxe: partout ils trouvaient des paysans, des hommes du peuple, mal armés, mais intrépides, n'ayant d'autre discipline que celle qui leur était inspirée par leur courage; et s'ils ne furent jamais vainqueurs, il ne furent non plus jamais vaincus. Cherchez dans l'histoire moderne quelque chose de plus héroïque que la défense de Sarragosse.

Si l'Angleterre se maintient, c'est que l'Océan la garantit; mais sa puissance peut éprouver des revers, et si, par la sagesse de son gouvernement et l'habileté de ses ministres, elle a triomphé, qui peut lui assurer que, montée au plus haut degré de sa prospérité, l'inconstance de la fortune ne l'en fera pas descendre? Continuant à entasser trésors sur trésors, ne peut-elle pas s'endormir à côté de ses richesses?

DE LA FRANCE.

Les Français du siècle actuel et les Français du siècle de Louis XIV ne se ressemblent point. Lequel de ces siècles vaut le mieux? c'est ce qu'il n'est pas aisé de décider, vu la différence des inclinations, des prétentions, des goûts actuels. Le siècle de Louis XIV eut de la noblesse, de la grandeur, de la magnificence. On était autrement Français qu'on ne l'est actuellement. Y avons-nous gagné? y avons-nous perdu? Les uns disent oui, d'autres disent non.

Si nous n'avons pas des écrivains aussi célèbres que ceux de ce beau siècle, nous en avons un plus grand nombre, cela peut compenser.

On admire, et l'on a raison, ces grandes découvertes en machines à vapeur et autres; mais que deviendra cette portion nombreuse de notre population, dont les individus n'ont que le travail de leurs bras pour gagner leur vie? On espère trouver un moyen d'aller en voiture sans chevaux et sans cocher; cela sera fort commode, personne n'ira à pied.

Mais parlons de la gloire militaire: aucun règne n'a réuni un aussi grand nombre de généraux célèbres que celui du grand Roi. L'on me dira que Bonaparte a gagné plus de batailles que tous ces généraux, et qu'il s'en est peu fallu qu'il ne devînt le maître de toute l'Europe : cela est vrai, mais je crois qu'il n'eût pas été aussi vite en besogne, si on lui eût opposé un Marl-borough, ou un prince Eugène, ou un Monté-cuculli. Et convenons que Bonaparte vainqueur et Bonaparte vaincu n'était plus le même homme.

Mais on ne pourra contester qu'en matière de politique législative, nous ne soyons beau-coup plus savans qu'on ne l'était dans le grand siècle, et à cet égard, il doit baisser pavillon. Nous tâtonnons encore un peu, nous ne som-mes pas précisément d'accord, mais cela pour-ra venir : en attendant, nous avons autant d'opi-nions que de gazettes.

Les uns voudraient revenir au temps où l'on fit la brillante conquête de la bastille ; et l'on sait que les conquérans n'étaient pas d'une es-pèce à en craindre les verrous. On leur en ouvrit les portes, et ils entrèrent : il n'en coûta la vie qu'à quelques individus que l'on assassina.

Le renouvellement de la constitution de 1791, qui constitua l'anarchie, serait encore du goût de nos patriotes jacobins. Elle fut pour eux une si brillante époque de leur puissance, que l'on ne doit pas s'étonner qu'ils la regrettent. Mais il est vraisemblable que, quel que soit le nombre et la qualité des amateurs de cette constitution, ils pourront l'attendre comme les Juifs attendent le Messie.

Nous avons ensuite les partisans du Constitutionnel; mais je crois que la composition de ses abonnés n'est pas uniforme dans ses opinions. Les uns sont fâchés de n'être qu'en second rang; d'autres pourraient s'arranger de la royauté, si on leur donnait une bonne place; un plus grand nombre se compose de Bonapartistes qui ne voudraient pas revenir au temps où on les appelait citoyens, mais ils regrettent ces temps de gloire, d'un avancement rapide, ces temps où l'on donnait des majorats. Cependant ils préféreront toujours un gouvernement monarchique à celui d'une démocratie de la façon de nos libéraux, qui ne pourrait être que dégoûtante pour eux et pour bien d'autres.

Nous avons une autre classe de politiques, ce sont les lecteurs de l'Aristarque, de la Quotidienne, du journal des Débats. Ne leur dites pas qu'ils n'aiment point la royauté, ils se fâcheraient; mais ils ont leur manière de l'aimer. Ils voudraient que Charles X prît plus en considération les lumières de ces journalistes, si zélés défenseurs des intérêts de leurs compatriotes. Ce serait pourtant une chose assez embarrassante, si le gouvernement devait se conformer aux opi-

nions si diverses de nos écrivains gazetiers ; et
comment pourrait-il faire pour contenter tout
le monde ? Dans tel quartier de Paris, on pense
d'une façon ; dans tel autre, on pense différem-
ment ; et il en est de même dans presque toutes
les villes de France. Convenons que les Français
des classes supérieures sont devenus bien diffi-
ciles à contenter.

Nous avons **un Roi** considéré de toute l'Europe comme un prince sage, bienfaisant, ne dé-
sirant que le bien de son peuple, et dont l'esprit
et le cœur réunissent toutes les qualités qui doivent le rendre cher à la nation française: laissons-
le faire.

Notre moral est susceptible de maladies
comme notre physique, et nous ne sommes pas
encore tous bien guéris de notre intempérance
révolutionnaire. Nous ne manquons pas de ces
hommes qui promettent des merveilles; c'est
toujours l'intérêt du peuple qui semble les ani-
mer. Prenez-y confiance, laissez-les faire, ils ne
s'oublieront pas ; et vous, ignorans, crédules,
vous verrez bientôt quel sera le produit de votre
aveugle confiance.

Qu'est-il résulté de cette souveraineté du peuple, de cette prétendue égalité, de ces fallacieux
droits de l'homme, etc. ? Le plus grand de tous
les crimes, celui d'un régicide. Comptez les as-

sassinats d'un grand nombre de vos compatriotes ; comptez encore combien de malheureux
pères ont eu à pleurer leurs enfans terminant
leur vie sur des champs de bataille : rappelez-
vous la foule affamée s'étouffant à la porte des
boulangers pour avoir du pain ; cent mille de vos
compatriotes expropriés et condamnés à la mort ;
le clergé n'échappant à la fureur des assassins
qu'en fuyant les bourreaux salariés pour les égor-
ger.

Mais suivez dans leur carrière les législateurs
de votre révolution, dont vous fûtes les misérables esclaves ; vous trouverez ceux qui échappè-
rent au fer de la guillotine, se distinguant par
la riche opulence des fortunes qu'ils s'étaient
faites, du moins en grand nombre.

DE L'OPINION PUBLIQUE.

L'opinion publique est le puissant auxiliaire
de nos écrivains politiques ; mais ne devraient-ils
pas nous donner quelques renseignemens sur les
moyens qu'ils peuvent avoir d'en être si bien assurés ?

Dans une composition sociale aussi diverse
que l'est celle de la population française, se trouvent quelques millions d'ouvriers qui n'ont

d'autres moyens d'existence que le produit du travail de leurs journées; et cette portion immense de notre population ne s'entretient ni de politique, ni du ministère.

Il en est de même de la plupart des marchands, plus occupés de leur commerce que de l'indemnité et de l'arrangement fait avec le gouvernement d'Haïti. Ce n'est donc que dans les classes supérieures que se trouvent ces profonds raisonneurs sur l'emploi de l'autorité qui nous gouverne. Encore, dans ces classes, les opinions ne sont pas tout-à-fait semblables, ce qui prouve assez que nos écrivains périodiques ne peuvent être assurés, tout au plus, que de celles de leurs abonnés.

Mais jamais la liberté de la presse ne fut plus grande qu'au commencement de notre révolution. On écrivait pour et contre avec une grande liberté. Qu'en est-il résulté? le despotisme le plus arbitraire; et bientôt les courageux écrivains de l'opposition périrent presque tous par le fer du bourreau.

Certainement ce ne fut pas l'opinion publique qui produisit cette formidable puissance des députés révolutionnaires, mais l'insurrection des gardes-françaises, et il ne fallut que quelques centaines de mille francs pour les corrompre. Il fut facile ensuite, avec quelques millions, d'ameuter cet assemblage de brigands qui donna tant de force à la faction régicide.

Ces brigands furent les conquérans de la bastille, dont on leur ouvrit les portes. Ce furent eux qui vinrent à Versailles enlever le Roi et sa famille, pour les enfermer aux Tuileries. Ce fut enfin cette milice d'assassins qui assaillit ce palais, et força Louis XVI, sa femme, ses enfans et sa sœur, à se réfugier dans le sein d'une assemblée dont la majorité immola cette malheureuse famille, en la faisant périr sous le fer de leur instrument de mort.

Ce fut aussi avec le secours de quelques centaines de ces misérables, toujours rassemblés dans le voisinage de la chambre de nos Députés, que furent produits ces fallacieux décrets des droits de l'homme, de l'égalité, de la souveraineté du peuple, et que l'insurrection fut reconnue comme le plus saint des devoirs. Mais le résultat de ces décrets fut de constituer un esclavage dont l'histoire n'offre aucun exemple, et des représentans du peuple devinrent les bourreaux de leurs compatriotes.

Dira-t-on que l'opinion ait autorisé ces terroristes, lorsqu'on était asservi à tout souffrir pour échapper au fer de leurs assassins.

Cette terreur continua à gouverner les Français, jusqu'au jour où un Bourbon vint s'asseoir

sur le trône de ses ancêtres ; et si, sous Eona-
parte, les frayeurs cessèrent, il fut cependant
un peu plus tyran que monarque. Sous son empire, il n'aurait pas fallu parler d'opinion publique ; mais du moins chacun jouissait avec tranquillité de son bien-être personnel.

Actuellement nous nous dédommageons un
peu trop du silence qui s'observait alors, et l'o-
pinion générale serait fort paisible, si une cinquantaine de nos écrivains de gazettes gardaient
plus de mesures dans leurs observations critiques.

L'indemnité accordée aux Emigrés, seulement
comme propriétaires d'immeubles ; les arrange-
mens pris avec les maîtres d'Haïti, pour rendre
moins malheureux le sort des anciens propriétaires : tout cela, disent nos censeurs politiques,
n'est pas bien assuré ; mais attendons le résultat.

Nous sommes dans un temps où un cœur
aussi bienfaisant que celui de Charles X, ne
peut pas faire tout le bien qu'il désirerait, et ré-
parer tous les malheurs de notre révolution.

Sans doute il eût paru plus noble de transpor-
ter soixante mille de nos braves pour faire la conquête de Saint-Domingue ; mais cette entreprise
pouvait ne pas réussir. Le climat eût fait périr
un tiers de nos soldats, un autre tiers eût suc-
combé dans les combats, et le reste aurait eu ses

malades. Mais, en supposant que nous eussions été vainqueurs, comment aurions-nous repeuplé cette île? comment aurait pu être composée la population des agriculteurs et des ouvriers? Et croit-on que le nombre des nègres qui eût survécu à cette conquête nous en eût laissés tranquilles possesseurs.

. Mais n'oublions pas qu'au commencement de notre révolution on attaquait, d'une manière fort offensante, les ministres de Louis XVI, que l'on remplaçait souvent, et que les remplaçans étaient bientôt remplacés. Et que pourrait être une royauté dont le ministère varierait sans cesse, au gré de quelques écrivains?

Je ne connais aucun des ministres actuels, pas même de vue; et je n'ai pas plus connu aucun des soixante et quelques précédens.

DE LA CIVILISATION.

On nous parle beaucoup de notre civilisation actuelle, lorsque nous sommes si peu éloignés de notre barbare révolution, dont plusieurs agens sont encore sous nos yeux. Quelles sont donc ces lumières, produites par la liberté de la presse, qui nous rendent si civilisés? Sommes-nous plus soumis à cette morale qui dirige l'homme vertueux, qui fait respecter l'autorité paternelle? Non, l'égoïsme a remplacé ces sentimens religieux qui distinguaient nos ancêtres. Ils avaient un profond respect pour l'autorité qui les gouvernait; et un prince tel que celui qui nous gouverne eût été le bien-aimé de son peuple, comme il mérite de l'être aujourd'hui.

Ces rêveurs de liberté, de constitutions républicaines, voudraient bien nous faire accroire que notre civilisation ne pourra atteindre sa perfection que lorsqu'ils seront nos législateurs et nos maîtres. Nous y avons été pris une fois, je ne crois pas que l'on veuille recommencer.

. Les Américains, que l'on nous offre pour modèle, ne se sont point révoltés pour avoir les droits de l'homme et une souveraineté du peuple, mais pour acquérir l'indépendance de leur commerce. Mœurs, religion, morale, sont très-respectées de ces peuples; tâchons en cela de leur ressembler. Ils se sont constitués comme ils l'ont entendu, mais ce qui leur convient ne conviendrait pas ailleurs, et il serait aisé de le démontrer.

DE LA PHILOSOPHIE DU 18.ᵉ SIÈCLE.

Quels furent ces écrivains du 18.ᵉ siècle, quali-
fiés du titre de philosophes? des hommes qui
attaquèrent tout ce que les nations avaient jusqu'alors respecté : la religion, l'autorité des
gouvernemens, la composition sociale de la population d'un Etat.

Le baron d'Holbach et madame Geofrein festi-
naient plusieurs fois la semaine cette criminelle
société de prétendus philosophes, qui, en faisant
bonne chère, raisonnaient gaîment sur les
moyens de bouleverser tous les gouvernemens
établis, et applaudissaient à cet horrible vœu de
Diderot : Que le dernier des Rois pût être étran-
glé avec le boyau du dernier des prêtres ; pensée
la plus féroce qui jamais ait été exprimée.

Voltaire et Jean-Jacques Rousseau étaient les
écrivains célèbres qui dirigeaient ces nouveaux
précepteurs du genre humain.

Rousseau, d'un caractère sombre et atrabi-
laire, fort de son éloquence, ne prétendait pas
moins qu'à être, en religion, en morale et en
politique, le réformateur universel.

Voltaire ne prenait pas les choses aussi sérieu-
sement ; que l'on fût chrétien ou qu'on ne le fût
pas, lui était assez égal : mais l'esprit du temps,

qu'il connaissait bien, le rendit écrivain irréli-
gieux: il n'en devint que plus célèbre; et l'on
sait avec quel enthousiasme il fut reçu à Paris,
en 1778, par tout ce qu'il y avait de plus distingué en naissance et en fortune.

Qu'est-il résulté des ouvrages de ces écrivains
philosophes? la puissance de Robespierre et les
fureurs du despotisme le plus homicide.

DE L'ANCIEN CLERGÉ DE FRANCE.

On ne peut calculer combien de crimes et
d'immoralités ont résulté de la cessation des
fonctions du Clergé en France. Rétabli depuis
bien des années, on ne peut pas encore prévoir
quand la morale chrétienne, si bienfaisante, re-
prendra sa puissante autorité, qui seule peut
le mieux assurer l'état heureux des familles.

La destruction du Clergé offre un exemple
qu'il est des biens que l'on ne sait apprécier que
quand on les a perdus; car il ne pouvait rien être
institué de plus favorable au bonheur d'un peuple, comme la puissance de cet ordre, qui, sans
autre pouvoir que celui d'une puissance invisi-
ble, gouvernait par le plus doux des empires,
par celui de la persuasion. Ses lois, ses maximes,

lui prescrivaient d'accueillir toujours avec dou-
ceur l'homme faible ou pervers, que le remords
amenait au pied des autels, et que le repentir
pouvait rendre à la vertu.

Par cette institution, il existait une sur-
veillance en quelque sorte paternelle, attentive
à ramener au bien, par les moyens les plus doux,
celui que ses habitudes ou ses penchans por-
taient à des actions nuisibles.

Et n'était-il pas d'une grande importance d'a-
voir des hommes éclairés, dont la vie était con-
sacrée à faire aimer la vertu, et qui, jusqu'en
présence du Monarque, exerçaient le droit de
faire entendre toutes les vérités essentielles au
bonheur du peuple : ce qui prouve que la réli-
gion chrétienne n'a rien oublié de ce qui peut le
mieux assurer le bonheur d'une nation.

Des critiques téméraires, des calomnies,
avaient fait méconnaitre la source de tant de
biens, avaient diminué le respect et affaibli la
reconnaissance que l'on devait aux ministres du
législateur éternel.

Mais l'expérience et l'histoire prouvent également les biens que l'on devait aux travaux et aux
vertus du Clergé de France, qui sans cesse s'oc-
cupait avec zèle de ce qui pouvait le mieux por-
ter à la vertu l'esprit et le cœur des hommes.

Chargé de l'éducation de la jeunesse, la confiance qu'inspiraient sa doctrine et ses lumières s'était maintenue, malgré tant d'ouvrages licencieux qui tendaient à la détruire; et le père le plus corrompu voulait encore qu'un ecclésiastique dirigeât l'éducation de son fils.

Cependant cet objet d'un si grand intérêt ne comprenait qu'une partie des services qu'il rendait. Ses fonctions l'appelaient encore à inspirer aux hommes l'amour de leurs semblables, à les convaincre des avantages des bonnes mœurs; et tout ce qui pouvait entretenir la concorde, et assurer l'union des familles, était du ressort de cette magistrature établie sous le nom de curé, si respectable pour l'homme de bien, et si secourable à l'infortuné.

Dépositaire ordinaire des dons de la bienfaisance, il en confondait la recette avec celle de ses propres bienfaits, et l'indigent en était toujours secouru. De toutes les fonctions humaines, il n'y en eut jamais de plus utile ni de plus édifiante. Et combien elle était auguste, sous le rapport du respect et de l'amour dus au Créateur, principalement dans les jours consacrés plus particulièrement à la piété! Alors un service plus solennel, un discours sur les devoirs de l'homme, réunissaient les paroissiens pour adresser leurs prières en commun au bienfaiteur suprême; et on ne se séparait que pour se livrer à la joie qu'inspirent quelques heures de délassement à celui que ses besoins contraignent à un travail assidu.

Néanmoins, comme des devoirs aussi importans exigent une sagesse et une instruction particulières, il était établi dans chaque diocèse une dignité supérieure, dont le principal objet était de n'accorder la prêtrise qu'à ceux qui, par une instruction suffisante, et des mœurs sans reproches, se trouvaient dignes d'exercer le ministère du sacerdoce. Celui qui était revêtu de cette dignité épiscopale devait encore veiller à ce que les enseignemens de la religion fussent conformes aux lois de l'Eglise, et à ce que la conduite de ses subordonnés fût exemplaire, ou au moins jamais scandaleuse.

Mais en général le Clergé de France observait, avec une régularité exemplaire, la sévérité des devoirs qui lui étaient imposés ; et s'il était quelques individus, dans ce nombreux ensemble, dont la conduite ne fût pas régulière, les exemples en étaient rares : et combien, dans les premières dignités, trouvait-on des modèles de la plus pure vertu joints à l'éclat des plus grandes lumières !

Ce qui prouve encore combien cet ordre était respectable, est que les écrivains qui se sont le plus appliqués à détruire la confiance et la considération qui lui étaient dues, ont été obligés de remonter à des siècles reculés pour motiver des reproches que ses vertus présentes auraient signalé d'imposture.

« Les crimes du fanatisme furent produits par la fureur des passions ; et quiconque lira avec impartialité l'histoire des atrocités religieuses, y verra que l'ambition, et non l'intérêt de la vérité, en détermina les scènes sanglantes. Les Calvinistes ne voulaient point du gouvernement monarchique, et dans ces circonstances il était difficile qu'une pareille lutte se terminât autrement que par des moyens que la religion condamne, mais que la politique emploie, quand l'animosité la dirige ; mais nous ne devons qu'aux Catholiques le maintien de notre gouvernement monarchique.

« Le Clergé tenait, par ses liaisons de famille, à tous les ordres de l'Etat; il contribuait à en améliorer les conditions, non par un droit politique, mais par le crédit que son influence lui donnait.

« La morale de l'évangile ne contribuait-elle pas à rendre la condition des sujets plus douce, en prescrivant la pratique de la justice et de la bienfaisance, comme un devoir imposé à tous les hommes, et plus rigoureusement à ceux qui disposent du sort des peuples. Et combien d'établissemens secourables étaient dus à cet esprit que la religion chrétienne recommande.

Ce Vincent de Paul, qui fut le fondateur de tant d'hospices de bienfaisance, auquel on doit l'institution de ces filles pieuses qui consacrent leurs vies aux soins que réclame l'indigence. Hé bien ! ce fut par ces modernes philosophes, ou du moins par leurs disciples, qu'elles furent dispersées, persécutées, proscrites, et les hospices qu'elles administraient devinrent déserts.

On a vu ces infortunées, manquant du plus nécessaire, chercher encore à remplir leurs vœux en assistant le pauvre, tandis que les élèves de nos modernes philosophes étaient dans l'abondance, et se livraient à toutes les jouissances sensuelles qu'ils pouvaient se procurer. Alors le malheureux, de quelque côté qu'il portât ses regards, ne voyait plus de fondations où il pût être secouru; ces bons amis du peuple en avaient mis les revenus en vente.

Ce fut par ce même esprit de rapine et d'inhumanité, qu'ils dépouillèrent le Clergé de France; et il ne fallut que quelques momens pour décider cette criminelle et scandaleuse expropriation.

Elle fut criminelle, parce que c'était ravir avec injustice des biens garantis par les lois les plus sacrées, dont la possession n'avait souffert aucune équivoque depuis quatorze siècles; et elle fut scandaleuse, parce que c'était vouloir avilir l'existence honorée d'un ordre respectable, et détruire un témoignage vénérable de la piété de nos ancêtres.

Le Clergé de France possédait aux mêmes titres qui garantissent, sur toute la surface de la terre, la propriété légitime des possesseurs. Ses droits consistaient en des donations anciennes, en défrichemens et en acquisitions. Il avait pour gardien de ses propriétés la loi la plus révérée chez toutes les nations.

On a prétendu détruire ses droits, en disant que l'individu ecclésiastique ne pouvait transmettre à sa mort, ni aliéner de son vivant. Mais cette loi sert à prouver l'intention privilégiée de conserver au Clergé ses propriétés. Et dans quel temps et à quel titre ces biens ont-ils appartenu à la nation? à quelle époque en a-t-elle fait le sacrifice? et si elle l'eût fait, une infamie serait de les reprendre.

De quelque manière qu'un peuple s'établisse dans un pays, son premier regard se porte sur l'assurance des propriétés; et si, dans la circonstance d'un grand envahissement, il se fait un partage de terre, il devient sacré dès qu'il est consommé. Telle est la morale inspirée aux hommes dès l'origine du monde.

(61)

La cupidité fit méconnaître que c'étaient des
Français que l'on dépouillait, pour revêtir de
leurs dépouilles toutes sortes d'acquéreurs.

Quel vide effrayant laisse aujourd'hui la sup-
pression de ces établissemens consacrés à l'instruction de la jeunesse, qui étaient confiés à des
hommes dont les devoirs s'étendaient à inspirer
l'amour des vertus les plus essentielles. Une
perte aussi grande deviendra de plus en plus
irréparable, et si l'on trouve encore des professeurs, qu'est-ce qui remplacera ces établissemens dirigés par des hommes que des vœux con-
traignaient, qu'une discipline austère dirigeait,
et qui joignaient aux principes de la plus par-
faite morale les connaissances les plus utiles.

La jeunesse recevait gratuitement, dans ces
établissemens, l'instruction qui convient aux différens états. Toutes ces fondations ont été décla-
rées propriétés nationales; et au titre qui devait
le mieux les garantir, elles ont été mises à l'en-
can, et la dépouille des hospices fut livrée aux
spéculations de l'avarice. L'on ne respecta que
les prisons, seule propriété nationale qui n'ait
point été violée. Les résidences du malheur devinrent au contraire plus nombreuses, parce
qu'il n'y a rien qui plaise tant aux regards de la
tyrannie.

Ces philosophes constituans, ces professeurs

d'une législation universellé, ont exercé plus de tyrannie, occasionné plus de meurtres et de brigandages, produit plus d'immoralités, que tous les siècles n'en offrent d'exemples.

Et quelle sagesse, quelle prudence, exige aujourd'hui l'état de la France, pour être ramenée à la tranquillité et à la prospérité dont elle jouissait avant que ces philosophes charlatans n'en eussent fait le théâtre de leur cupidité et de leur ambition. Terrible résultat d'une représentation nationale!

FIN.